아름다운 모순

박동일: 제주특별자치도 서귀포시 출생, 제주대학교 법학과 졸업, 법무사 박동일 사무소, 2007년 〈시사문단〉 등단, 시집 『늦게 나온 달빛』(2012), 『달』(2016), 『아름다운 모순』(2023). 제주문인협회 회원

- E-mail: chodang81@naver.com
- Mobile 010-2697-9898

다층현대시인선 174

아름다운 모순

발행일 2023년 8월 15일
지은이 박동일
펴낸이 김동진
펴낸곳 도서출판 다층
등록번호 제27호
주소 (63211)제주특별자치도 제주시 오복5길 10, 1층
전화 (064)757-2265/FAX(064)725-2265
E-mail dc2121@empas.com

ISBN 978-89-5744-109-1 03810

값 10,000원

다층현대시인선 174

박동일 시집

아름다운 모순

다층

* 페이지 시작과 끝부분에 〉표시는 연을 구분하는 표시입니다.

시인의 말

시는 가까이 다가갈수록
휘장 속 여인 같아서
좀처럼 참모습을 보여주지 않아
그 주변만 맴돌지만
이 또한 시의 매력이 아니겠는가
시를 쓸수록
두려움과 부끄러움이 앞서는 것은
그 속에 들어있는 설렘 때문인지도 몰라
긴 여행길에 동반한 시는
내 남루한 생에 빈자의
일등이었다

2023년 8월 제주에서
박동일

차례

제**4**부

해설

제1부

유리메기

핏줄은 고사하고 마음 한 조각 감출 곳 없다

맑은 시냇물에 사는

온몸이 투명한 유리메기

무엇을 감추랴 거울처럼 사는데

그래도 메순이를 가슴에 품은 메돌이

그 마음 꺼내 보일 기회만 엿보고 있는데

그때까지 뛰는 속마음 어디다 감추지

감춰도 감춰지지 않는 투명한 설렘

어떤 매미의 일생

땅속에선
날개 다느라
17년이 하루였다

땅 위에선
매미채 피하느라
하루가 17년이었다

봄이 오는 길목에서

지난겨울은 참으로 매웠네
흐르는 것들은 모두 제 자리에서 발이 묶이고
하늘을 나는 새들도 날갯죽지 부러지고
이웃과 이웃 사이에 어름 벽이 처지고
사방은 뿌연 잿빛에 눌려있네
그 속을 뚫고 봄이 찾아왔네
가냘픈 매화꽃에 업혀 발걸음 소리도 없이
어느새 내 앞에 서 있네
연약한 잎새가 단단한 시멘트 바닥 뚫고 나오듯
벗이여 우리도 내일을 열어야 하지 않겠나
보습과 괭이 날 세워 언 땅을 열어 나무를 심자꾸나
그것이 꽃과 열매가 실한 사과나무든, 꽃이 열매고 열
매가
꽃인 무화과든
봄볕이 긴 겨울 참고 견딘 우리 어깨를 모른 채 할리야
어제는 추억일 뿐 내일을 막을 수 없으리니

달맞이꽃

은은한 달빛이 내 몸에 스며들면

나도 모르게 내 가슴 부풀어 오른다

그 품에서 달빛 줄 삼아 금을 켜고 싶다

달님의 뺨에 비치는 마음과

마음을 묶어주는 노래를

구름이 시샘하여 줄을 끊어도

연주는 멈추지 않으리

아름다운 모순

24시간 세계인의 이목을 사로잡고 있다
가쁜 숨결과 구슬 같은 땀방울에 범벅된 모순이
경기를 넘어 예술의 경지로 승화시키고 있다
그 아름다운 모순이 모순에 지친 세계인들에게
그 작고도 큰 마당에서 모순들이 불꽃 튀기며
남국 정취에 둘러싸인
앞세운 성벽 같은 방패들
송곳 같은 창들
메시 호날두 네이마르 로드리게스 뮐러
오초아 나바스 엠불히 하워드 노이어
모순이 모순 없는 세계를 넓히고 있다
세월이 흐른 먼 훗날에도 잊고 싶지 않은 창과 방패들
어떤 방패라도 뚫고 마는
어떤 창이라도 막고 마는
인류가 만들어낸 몇 안 되는 모순 없는 마당
한 줌 빛줄기 같은 위안과 휴식을 선물하고
이웃 같은 먼 나라 브라질에서
월드컵 열기로 온 지구를 뜨겁게 달구고 있다

어느 취업 준비생

취업 수험생이 면접장으로 달려가던 중 거동이 불편한 노인과 마주쳤다. 노인은 길을 잃은 것인지 골목을 기웃거리고 있었다. 저도 모르게 취업 면접은 잊고 노인을 면접한다. 노인을 집으로 안내하고, 아뿔싸, 면접 시간을 놓치고 말았다. 사정을 들은 면접관의 배려로 면접하고 합격했다. 하루가 10년 같았다고 했다.

별 따려거든 스스로 별이 되거라

별은 하늘에 가득하지만, 별을 알아보는 사람은 흔하지 않다

기사 실린 신문지가 잠시 환했다

무화과 옆에서

뜨거운 햇볕으로 들어가는 모습

볼 수 없어 꽃은 열매의 손을 놓지 못한다

가녀린 손으로나마 뜨거움 막으려는 몸짓

낙화할 때를 잊었다

열매는 꽃을 가슴에 품고

꽃잎으로 하여 몸매가 일그러져도

부끄러워하지 않는다

구름에게

거사 일은 오는 보름날 밤 어느 매화나무 아래

구름아 부탁 한 번 하자

그동안 뜬구름이라 얕본 것 미안하다

네 품에 내 꿈을 실으련다

밀었다 당겼다 하며 조바심 돋구는데

생각 끝에 마련한 최후의 한방

생각을 행동으로 옮길 용기가 나지 않는데

예행연습까지 마쳤지만 한 가지가 없네

이웃 마을 월순이와 썸타는 중인데

너무 고혹적이라 환한 달빛 아래서는

잠시 달빛을 가려다오

참새의 변

방앗간을 그냥 못 지나간다고

종일 날갯죽지 빠지도록 돌아다녀

겨우 찾았는데

왜 못 본 척하나

작게 보일까 봐

지나는 길에 눈에 띈 양 들뜬 모습

감췄을 뿐인데

빈손

가까이 있어야 품속을 더듬을 수 있기 때문이겠지요
그건 달이 어머니의 넓은 품이기 때문이겠지요
달이 저리 곱고 둥그런 건 이 땅의 여인들 수천 년
달님에게 소용된다면 초근목피 시절이지만
달님이 돈이 필요하겠습니까, 재물 쓸 데 있겠습니까
달랑 정화수 한 사발에 빈손이었을까요
빈손으로, 그렇게 어려웠냐고 그건 모르는 소리
빈손이라야 조금이라도 많은 정성 담을 수 있지요
빌수록 많이 담는 슬기 진작 깨쳤지요
세상 이치 달처럼 환했지요
손바닥 통하여 올라가는 정성이지요
쌀 한 되 고기 한 접시 제물로 올리지 못하겠습니까
옛날 여인들 배움 없어 무지렁이라 웃지만
이 땅의 여인들 예로부터 어깨 누르는 짐 덜어 달라고
이어가며 쓰다듬은 손길 때문일 것입니다
저 아득한 곳에 계시는 달님 눈앞에
차린 맑디맑은 정화수에 모시러 한 게 아닐까요
힘센 햇님 놔두고 달님에게 빌었을까요

밤에 피는 꽃

어둠에 부딪혀 꽃잎이 일그러진들 무슨 대수랴

가려진 베일 걷어내고 본래

밤의 고요에 들어가 대지의 숨결 듣고자

밤에만 피우는 것은 향기와 꿀만 탐하는 벌 나비

멀리하기 위한 몸짓

내가 꽃을 피우는 것은 마음의 창을 여는 일

코로나19 사태를 보며

돌아다녀도 부처님 손바닥 안 일이었듯
손오공이 온갖 기술 피우며 세상 구석구석
숟가락 하나 사이라고 알려 준 코로나19
아무리 세상이 넓고 멀어도 사람과 사람의 거리는
알고 보니 한 숟가락 거리
이제부터 숟가락 잡는 일부터 바꾸라는 코로나19의 몸짓
지구 이곳에서 저곳까지 멀고 멀어도
지상에서 바닷속까지 깊고 깊어도
지상에서 하늘까지 높고 높아도

메줏덩이

어린 아들과 딸을 한눈에 한 놈씩 넣고 사는 과부 무주 댁 맹모일천이라도 하려 뼈를 깎는 억척 끝에 시내에 새 둥지를 틀었다 이삿짐 정리하느라 눈코 뜰 새 없는 중에 딸애가 보이지 않았다 무주 댁 하늘이 노랗고 땅이 빙빙 돌아 정신 아득했다 이삿짐 마당에 내팽긴 채 미친 년처럼 이 골목 저 골목 돌아다니며 자동차 과일 행상 녹음기처럼 되풀이하여 외쳤다 "어린 여자애를 찾습니다. 눈은 흑진주처럼 반짝반짝 빛나고 콧날은 오똑하니 복스럽고 목소리는 꾀꼬리처럼 맑고 얼굴은 달덩이처럼 훤해 무지무지 예쁘고 귀티가 흐르는 어린애 못 보셨나요." 해 질 녘까지 목이 잠기고 발이 퉁퉁 붓게 외치며 찾아다녔지만 행인들은 들은 척도 하지 않고 또래 애들도 고개만 갸우뚱거렸다

보다 못한 애 오빠가 나섰다 "눈은 졸린 눈이고 코는 납작하고 얼굴은 까무잡잡하고 촌티가 줄줄 흐르는 메줏덩이 같은 어린 계집애를 못 봤나요." 말이 채 끝나기도 전에 근처에서 뛰놀던 어린애가 길모퉁이에서 비슷한 애를 봤단다. 맞아 메줏덩이 붕어빵이었어.

오빠는 으쓱했지만 목구멍까지 올라오는 메줏덩이를 꾹 눌렀다.

장미

네가 있어 5월이 더욱 푸르구나

오만한 푸르름 일색에 한방

얼룩을 먹였다고 쾌재를 불렀지만

붉은 몸짓이 푸른 들을 더욱 푸르게 하는구나

나도 모르게 몸과 맘이 따로 놀 때가 있다

숨은 그림

어스름 새벽 칼바람 헤치며 일터로 나서는 아내
서툰 발걸음은 어제까지 남의 일이었는데
차마 그 모습 눈에 담지 못하네

건축 공사장에서 헛디뎌 다친 허리는
가족사를 새로 쓰라 하네

낮이 밤으로 이어지듯 저 희고 가냘픈 등으로 옮겨진 짐은
벌이 될까 나비가 될까

저녁 늦게 달빛에 의지해 물먹은 솜처럼 마당에 들어설 때
번쩍 들어 올리려 해보지만 손잡아 끄는 것보다 못하네
힘든 줄 알면서 매번 아내는 선선히 몸을 맡긴다

얼마쯤 지났을까 아내가 전보다 가뿐하다

어린 딸애가 귀에 대고 소곤거린다
무슨 큰 비밀이라도 되는 양
매일 줄넘기도 하고 동네 주위도 무지무지 돈다

아빠 몰랐지
고생 많이 해서 그런가 전보다 반쪽이네
삥튀기지 말아요, 밥 말고도 먹는 게 얼마나 많은데
몸이 줄질 않네, 운동이라도 할까 봐

민들레

생명 이어가는 일은 지고지난한 일
거친 물살 거스르다 탈진하여 죽는 놈
암컷에 제 몸뚱이 아삭아삭 씹어 먹히는 놈
남의 둥지에 몰래 들어가 남의 목숨 밀어내 그 자리 차지하는 놈
컴컴한 새 배에 들어가 똥 속에 처박히는 놈
사는 일은 복잡하고 어렵기만 한데
너는 바람이 등 밀어줄 때 몸만 맡기면 되니
시원한 바람에 실려 생을 쉽게 이어가니
욕심 버릴수록 생각은 가벼워지는 법
동서남북 어데도 가리지 않으니
어려운 일일수록 쉽게 풀어가는 거지

덕수 마을

이름부터 경전 향기 가득한 마을
척박한 환경 탓하지 않고 조상과 후손이 이어가며
따뜻한 보금자리로 만들어 온 아름다운 고장
지세와 인걸이 어우러져 길이 빛날 터전
마을을 열면서 조상들은 후손들에 근검절약하라
강조하지 않았다 후손들 근면성을 믿기에
사람의 지녀야 할 덕에 대해서만 말씀하셨다
자칫 잊을세라 마을 이름에 새겨 놓았다
서로 상부상조하고 동고동락하라
세상을 향해 따뜻한 시선 가져라
언제나 어진 마음 지녀라
후손들 훈육에는 솔선수범이 지름길이다
세상을 이롭게 하는 솜씨나 연장은 이웃과 나눠라
한 발 한 발 힘쓰다 보면 저도 모르게 인정 넘치고
유방백세하는 마을되리니

세월

젊었을 적엔 거나하게 술 취한 몸으로 귀가하여 치마끈인지 저고리 동정인지 구분 못 해 허둥대도 미소만 짓는 아내의 모습은 양귀비였지

나이 들어 회사 일을 술집까지 끌고 가지 않을 수 없었노라 횡설수설 혀를 펴지 못해도 아침 해장국 끓인다고 북어 대가리 쾅쾅 내리치는 파란 심줄 튀어나온 아내의 팔뚝은 섬섬옥수였지

한때 오지랖 넓게 아내가 친정 오빠 가슴에 꽃 한 송이 달아주려 10년 세월과 맞바꾼 보금자리 허공으로 날려 보냈을 땐 서로 등에 얼음장 짊어진 채 소 닭 보듯 한 적도 있었지

이제 늦가을 추수 끝난 들녘 서성거리다 움츠린 어깨로 집에 들어서면 몇 년째 치매 속에서 헤매는 아내 용케 자식들 모습은 아직도 지워지지 않았는지 사진첩만 물끄러미 쳐다보다 '아저씨 누구세요, 우리 서방보단 못생겼어.' 하는 내용 없는 목소리지만 계속 들을 수만 있다면

제2부

어떤 합격기

필기시험 5년 동안 950번
실기시험 5개월 동안 10번
야학 몇 개월이 학력 전부인 완주 땅 예순아홉 살 차사순 할머니의 자동차 운전면허 취득기
인지대 500여만 원
차비, 밥값 2,000여만 원

이웃들 경사 났다 동네잔치 안 하냐 아우성
남편도 국가고시 합격자 나왔다 농담하며 싱글벙글
어머니 장하다 아이들 입마다 함박웃음

뭐 대단한 일이라고
셀 수 있는 일은 대단한 것이 아니란다
네 아버지 귀가하여 발 안 씻는 버릇 수십 년 잔소리 되풀이해도 부지하세월
큰 놈 왼손잡이 고치려 물건 잡을 때마다 야단쳐도 마이동풍
작은 년 편식 고치려 끼니때마다 걱정해도 토끼도 아

닌데 풀만 먹냐며 채소는 본체만체 요지부동

한평생 하찮은 버릇도 못 고치는데

인지 값 많이 든 것은 없는 살림에 아쉽더구나

흰 꽃

궁을 빠져나온 철없는 공주처럼
기방에서 퇴짜 받은 기녀처럼
덤벙대다 향은커녕 색도 지니지 못한 맨몸
뒷바라지할 잎사귀는 아직 겨울잠인데 시녀 몰래
봄을 움켜쥐려 차가운 땅속에서 긴 겨울 인내하다
빗속에서 애써 웃어 보지만 추위에 굳은 입술은
선망의 시선 모으리라 자만했지만
오가는 측은한 눈길 견딜 수 없다
이른 봄 차가운 빗속에서 오돌오돌 흰 꽃이 떨고 있다
저도 모르게 문밖으로 뛰어나왔다
짧은 햇살이 창밖에서 미소 짓자 등 뒤의 찬바람 보지
못하고

나비의 꿈

벌레였을 때 세상은 나를 벌레 보듯 했다
나뭇잎 두셋만이 전부인 좁디좁은 내 터전
밝고 넓은 세상 꿈꾸며 탈바꿈했다

가냘픈 날개로는 몸을 지탱할 수 없어
무게를 버리는 아픔도 마다하지 않았다
저대로와 맘대로의 경계선까지
무게가 남아 있으면 멀리 날 수 없다

절정에 앉아있는 꽃들만 찾고 또 찾았다
촌음도 아까워 계절도 거리도 잊었다
팔자 늘어지데 꽃밭에서 노닥거린다 수군거리지만
날개 닳도록 찾아다니지 않으면 시든 꽃조차 내 몫이 아니다

어느 날 지는 꽃잎 바로 옆에 있는 잎새를 보았다
꽃과 잎새가 나란히 있는 것을 지금까지 왜 몰랐는지
꽃만 꽃이 아님을

가지

낙타는 뚜벅뚜벅 모래 위만 걷다가
모래로 들어가 한 줌 모래가 된다

들판에서 소는 묵묵히 쟁기 끌다 땅속으로
들어가 한 줌 흙이 된다

모래는 낙타를 뱉어내고 흙은 소를 게워내지만
흙에 모래가 섞인 건지 모래에 흙이 섞인 건지

모래를 낙타라 부르지 않고
흙을 소라 부르지 않는 이유는
모래와 흙이 그들의 울음을 울지 않기 때문일까

청포도

청포도는 익어도 청포도

익기 전이나 익은 후나

청포도는 익어도 청포도

무엇을 감추려는 몸짓일까

청포도는 익어도 청포도

무엇을 보이려는 몸짓일까

청포도는 익어도 청포도

낙과(落果)가 내일모렌데

청포도는 익어도 청포도

고집스런 꿈 푸르게 지킨다

박쥐의 꿈

우리는 원래 서생원(鼠生員)의 일족이었다
이름값 못하는 비루한 삶이 부끄러워
마음껏 창공을 나는 새들이 부러워
오랜 세월 겨드랑이 근육 무두질하여 날개 달고
기쁨도 잠깐 날개도 펴기 전 무서운 새 떼가 덮쳤다
허겁지겁 동굴로 숨었으나 안식처는 아니었다
바닥에는 냉기와 파충류가 우글거리고
몸을 지키려 공중에 매달려 사방을 경계하느라
세월도 사라지고 어둠에 시력도 빼앗겼다
청각만으로 세상을 지탱하는 처지
절벽 같은 삶이지만 내일은 포기하랴
내일을 여는 빛을 찾았으나 사방은 벽
벽을 뚫어 빛 길을 여는 연장은 부리와 날개뿐
일생 손톱만큼이라도 뚫을 수 있으려나
오늘도 내일도 부리와 날갯짓 멈추지 못한다

소방대원의 다짐

119
“일일이 구하려
온 힘을 쏟겠다”

강

강물이 푸르게 푸르게 흐르는 것은

바닥을 감추려는 몸짓일 것이다

바다에 이르는 길 열어준 데 대한 보답일 것이다

문턱에서

머리털이 희끗희끗하건만 세월 가는 줄 모르고
성질이 불같은 내 친구 변 사장
조신한 아내가 어쩌다 외박을 했단다.
일이 꼬이려니 핸드폰도 불통
처음 겪는 일에 당장 이혼이라며
아내 손을 끌고 법정 문 두드렸다.
한마디 변명하면 될 일인데 결백한 그의 아내
자존심이 허락지 않았다.
숙려기간 끝나 이혼 허가서 받고 홧김에
한잔하고 귀가했는데
식탁 위에 정갈한 저녁상과 함께
밥 제때 챙겨 먹고 몸 관리 잘하라는 메모 쪽지
머리에 불이 번쩍하며 스쳐 가는 그림자
다급하게 핸드폰 1번을 눌렀다.
"내일 아침 아홉 시에 도장 갖고 시청으로 나와!"
밤새 안절부절못한 변 사장 아침에 보니 거울에
하얀 눈이 쌓였단다.
성문 통과할 묘안 찾느라 하룻밤에 머리가 하얗게 셌

다는

오자서의 고사가 여기 있었다

삼류 인생

하루하루는 따분해

한 생은 풀잎 위에 구르는 아침 이슬

어떤 셈

“아빠, 아빠, 별이 모두 몇 개야?”

“숙제냐, 책에는 1백40억 조 정도라고 적혀 있는데, 너무 많고 멀리 있어 짐작뿐이라 하는구나”

“아빠, 몇 년 사이에 수만 개는 더 생겨났다.”

“무슨 소리냐, 선생님이 그러던?”

“아빠가 말 안 듣는다, 놀기만 하고 공부할 생각 하지 않는다며 꿀밤을 먹일 때마다 번쩍번쩍 생긴 별이지 뭐야?”

“이놈의 자식, 엄마처럼 갖다 붙이기는?”

“네 방에 가서 숙제나 해, 엉뚱한 생각하지 말고.”

“숙제하고 나면 피자다? 언제 피자 먹었는지 가물가물 하단 말이야.”

언제 저렇게 컸지
시간을 잊은 듯 수련장과 씨름하는 애 뒤통수
별빛이 되어 눈을 흐린다

물방울

나는 투명해
너도 투명하군
우리 모두 투명한데
우리가 모여 몸집 커질수록 흐려지는지 알 수 없네
투명한 몸으로 남의 시선 막을 수 없고 막으려
한 적도 없다
모두 자기가 맑고 깨끗하다 우쭐댈 뿐인데
서로가 서로의 시선을 가리니
아니 땐 굴뚝에서 나는 연기 아닌가
그것도 모자라 헤엄칠 정도만 모여도 몸까지
파랗게 변한다
파란 옷 입은 방울도 물감 푸는 방울도 없는데
모두가 네가 한 짓 아니냐 내가 하지 않았으니 네가
뻔하지 않느냐는 얼굴이다
그 일에 자기가 일조한 것을 꿈에도 생각지 않는다
알려고 하지도 않는다

사랑의 음계

콩당콩당
쿵당쿵당
짜릿짜릿
여보옹
여보 여봇
그릇 깨지는 소리
시큰둥
무덤덤
지휘봉 젓는 소리
음계는 낮은 데로 흐르는 속성이 있습니다
음계는 자리바꿈을 싫어합니다
좋은 노래는 음계를 고르는 일입니다

벚꽃

엊그제 가지마다 뒤덮고 활짝 웃던 꽃송이들
추운 비바람 속 길바닥에서 오돌오돌 떨고 있다
벌써 오가는 사람들 탄성 지르던 일은 잊고
발바닥 어지럽다 사정없이 짓밟아 버린다
유리창 안에서 내다본 밖은 포근한데
궁둥이 무거운 동장군이 마지막 위엄을 부릴 줄이야
벌. 나비 코빼기도 보이지 않으니 알만도 하건만
치장에만 정신 팔렸으니
처음 뭍 나들이 하는 섬처녀 마냥 가슴팍만으로도 모자라
손톱 발톱까지 꽃단장하려니
눈앞을 보면서도 가물가물 했으리

사이비

이면 도로에 널려있는 과속방지턱
고귀한 생명 지킨다며 진짜와 가짜가 나란히 누워 있다
겉보기에는 다정한 친구 같으나 진짜는 가짜가 진짜행세
한다며 흰자위를 내리깐다
가짜는 믿는 데가 있는지 아랑곳하지 않는다
너는 세상 물정을 모른다
내 몸 타고 넘은 수많은 바퀴들
법을 입에 달고 사는 군상들
바퀴가 네 몸보다 내 몸 위를 부드럽게 구르는데
똑같이 생긴 놈 진위가 무슨 관심거리냐
동전만 한 이 어찌 놓칠쏘냐
가짜에 단맛 들어 거리에 가짜 CCTV, 가짜 과속측정기
따위가 넘쳐날 것이다
사이비에 붙어있는 동전이 탐나 입 다무는 거리 동전
보다
작아지는 거리
덩달아 가짜 만든 공복들도 부끄러움을 훈장처럼
달고 다니는 거리

구름

하릴없이

가슴에 비도 품지 않고 허공을 돌아다니는 모습

무위도식하는 날건달이지만

그 어지러운 발자국 허공 쪼개어

망망한 하늘의 넓이 가늠케 하는구나

할머니 품

강남 갔다 돌아오며 박 씨를 깜박 잊은 제비
집 가까이 와서 인근 들판에 흔한 야생화 씨 물어다
집주인 인씨 할머니에게 드렸다
얼굴이 화끈거렸다
할머니는 얼굴에 미소를 머금은 채 주변 들판에 뿌렸다
제비는 이번엔 금은보화 들어있는 박씨를 다짐했다
할머니는 손사래 쳤다 곧 들꽃으로 주위가 환할 것이다
굳이 그렇다면 여기에 없는 꽃씨나 하나 물어오렴
길이 멀고 험하니 기력 돋으라며 벌레 통을 다리에
매달아 줬다

응어리

이 고궁은 한자리에서 6백여 년 동안 왕도를
지킨 유서 깊고 보배로운 문화유산입니다.
해외에까지 소개됐고 우리들 숨결이 살아 숨 쉬는….

어느 관광객 모자 문화해설사의 해설이 끝나기
무섭게 이구동성으로 탄성을 터뜨렸다.
"와 그 지긋지긋한 이사 안 다녀 좋았겠다"

풍장

천국도

극락도

내게는 너무 아득하다

생이 다하는 날이면

바람속에 나를 묻고 싶다

바람은 온 세상 안 가는 데 없으니

그 속에서 세상을 보고 싶다

유산

재물 긁어모으는 일이면
선악 가리지 않았던 어느 졸부
임종에 다다라 북적대는 자식들 모두 불러들였다
궤도에 오르지 못하는 나로호 위성처럼
눈물이 눈가에 이르지 못하고 눈물샘 주위만 맴도는 놈들에게
이제 너희에게 재산을 분배하겠다
주위의 눈에 띄는 것은 모두 너희 몫이다
명표 다는 요령은 그동안 보고 배웠으리라 믿는다

평생 밤이슬 속에서 신출귀몰하던 어느 양상(梁上) 씨
죽음 눈앞에 두고
눈을 마주치지 않으려는 애지중지하는 아들 앉혀놓고
너에게 재물을 물려주고 가겠다
도처에 눈에 띄지 않는 곳에 보관돼 있다
가져오는 기술은 익히 알고 있을 것이다

저승길 동행하게 된 졸부와 양상 씨

명부 찾아 아득한 길 둘이서 터벅터벅 걷다
잠시 아픈 다리를 쉬며 아래를 보니
졸부의 자식들은 뒷골목에서 폐지를 많이 차지하려 연신 다투고 있고
양상 씨의 아들은 한 교도소 식당 주방에서 뼈다귀와 씨름하느라 식식거리고 있다
두 사람은 서로 떨어져 먼 산만 보며 걸었다

제3부

탈북인 전영철

티브이에 비친 그는 평생 주먹을 부르쥐거나 입술 한 번 깨문 적 없고 읍내 밖으로 한 걸음도 나가본 적 없는 촌부의 모습 그가 목숨 걸고 뼛속까지 저리는 두만강을 건넜다

시도 때도 없이 불어오는 찬바람 막을 둥지 찾아 등에 소아마비로 하반신이 마비된 여섯 살 연상 아내와 한 손으로 마을 밖으로 나가본 적 없는 어린 딸 손잡고 두만강을 건너고 라오스 산까지 넘어 남으로 왔다

얼음처럼 미끄러워 빈손으로도 넘기 어렵다는 악명 높은 산길 수없이 미끄러져 생긴 피멍 자국들 훈장처럼 온몸에 달았다

그 아내가 입을 열었다 남편 등만이 낙타가 바늘구멍 통과하듯 남으로 뻗은 길이었지요 체중 줄이려 살을 도려내는 다이어트는 물론이고 반지, 목걸이 다 버리고 머리카락도 미련 없이 잘랐지요 물론 한 모금 물도 안 마셨구요 남편도 날마다 내 몸 업는 연습 했지요 아이마저 오래 걷는 연습 했답니다

남쪽이 그럴 만한가요 수도에서 맘대로 나오는 냉수

와 온수 창밖에서 불어오는 신선하고 따뜻한 바람 구름이 끼어있지 않은 맑은 하늘 이것이 우리들의 꿈 너무 꿈이 크다 흉잡힐까 두렵습니다

초가을 벚꽃

초가을 하늘 아래 때아닌 벚꽃이 피었다
뒤늦게 태풍 볼라벤이 하룻밤 휘젓고 지나갔는데
뭐라 꼬드겼기에 하룻밤 인연으로 바람 따라 바람 되었나
가을엔 꽃이 없으니 세상이 너만 부러워하리라 부추기든가
지난봄에도 때 이르게 뛰어나왔다 꽃샘추위에게 바람맞은 일
벌써 잊었나
봄에 봤던 너를 다시 가을에도 보다니
남들은 열매 달려고 아등바등하는데
땅에 발이 닿지 않는 네 모습
쑥스러운 곳에서 마주친 것처럼 멋쩍구나

강가에서

석양을 등지고 서서 강이 지나온 길 돌아보고 있다
흐르는 것도 잊은 듯 호수처럼 넓은
하구에서 숨을 고르고 있다
깊은 산골 남상에서 먼 길 달려오느라 지친 몸 내일이면
이를 바다 꿈꾸며 잠시 쉬고 있다
몸은 햇빛 머금고 금모래인 양 반짝거리지만
잔주름 속에 숨어있는 지친 모습은 멀고도 험한
여정 감출 길 없다
깊은 산골에서 어제가 오늘이고 오늘이 내일인 따분함
견딜 수 없어 소문만 듣던 바다 찾아 나섰다
선녀들도 찾아오는 선경 놔두고 진데 발 담그려느냐
붙잡는
노루, 산새들 만류도 매정하게 뿌리쳤다
울타리 채 나서기도 전 맹추위 속 폭포를 넘다 공중에
매달려
겨우내 동태 꼴 되기도 했고
시궁창 같은 샛강에 발 헛디뎌 온몸에 오물 뒤집어쓴
일은

부끄러움과 얼룩으로 남았고
한 동이 물이라도 도와 달라며 울부짖는 농부들 앞을 가로막을 때
갈 길 바쁘다 소매 뿌리친 일은 응어리로 남았다
꿈에 그리던 바다가 코앞인데 으르렁거리는 소리에
설렘은 사라지고
그 바다가 절벽 되어 가슴을 짓누른다
그렇지만 이제 돌아설 수도, 돌아갈 곳도 없다

하루

길고 매서운 추위는 생각만 해도 끔찍하다
보다 못한 달력이 이월 마지막 하루를 떼어내
삼월 이마에 붙여놨다
지긋지긋한 겨울 하루가 사라졌다

조삼모사 같은 수작이다
그렇다고 겨울이 줄어드냐
사방에서 계란과 토마토가 날아들었다

세상에는 없는 것도 있다면 있는 것이 널려있다며
달력은 알 듯 모를 듯한 미소만 흘렸다

삼월이 문을 열자마자 추위는 어제와 똑같건만
어제의 일은 잊은 듯 계란과 토마토 속에서
벌 · 나비가 날아오른다

가물가물(玄玄)

사람의 일생을
어느 득도한 고승은 한마디로 요약했다
고해에 다시 오지 말지어다
이제라도 머뭇거리지 말고 생사의 사슬 끊을지어다

내 일생을
한평생 딱한 남편 때문에 두 손 두 발 다 들었다는
아내가 한마디로 정리했다
당신은 이 세상에 오지 말아야 했어
이제라도 꾸물대지 말고 남의 눈에 띄지 않는 게
주위에 드리운 검은 구름을 걷어주는 일이야

같은 소리 같기도 하고 다른 소리 같기도 하여
한평생 쓰게 살아 온 선배에게 물었다
하나는 머리로 하는 설교요
하나는 가슴으로 하는 사랑이다
그게 그 말이리 한 뼘 속이리

추석

서러운 사람에게는 더욱 서러운 어느 추석 날 두더지처럼 땅만 판다하여 두더지라 불리는 애들 아빠는 집 앞 강에 내려온 달빛에 두레박 타듯 올라타 달나라로 이주했다 눈이 흐려 남긴 쪽지를 차마 펴 볼 수 없었다 지상에서는 허리가 휘도록 쟁기질했으나 한 뼘 땅도 얻지 못하는 무능이 부끄럽구나 쟁기질하면 할수록 멀어지는 땅 앞동산에 걸린 무지개처럼 손에 잡힐 듯 잡힐 듯하나 잡히지 않는 땅 토끼가 떡방아 찧는 걸 보면 달에도 논밭이 있을 테니 원 없이 농사짓고 싶구나 추석 날 그 지은 쌀로 떡 잔치 벌여 보고 싶구나

피맺힌 쪽지를 가슴에 묻었다
밤마다 정화수로 논물 보탰다

여느 때보다 크고 밝다는 올 추석 보름달이 떡가루 날리듯 더 환하게 그 강을 덮고 있었다 올해 달이 유난히 크고 밝은 걸 보면 당신이 논밭을 늘렸구려 쟁기질할 때 물 한 모금 떠 줄 사람 없는데 고생 많았겠구려 스스로 다짐한 약속 지키느라 휜 허리 더 휘었겠구려

까치밥

늦가을 시골은 감나무에 까치밥 매다느라 눈코 뜰 새 없다 주말이면 일손 도우러 온다는 손주 놈은 엎어지면 코 닿을 읍내에서 알바 핑계 대며 번번이 이 할애비 짐 덜겠다는 약속 어긴다

늙은이 몸으론 탐스러운 홍시지만 낮은 곳에 달린 놈만 대충대충 딸 수밖에

약속을 건성건성 하는 손주 놈 때문에 까치밥
다른 집보다 몇 배 매달아 놓게 되었다
후덕한 노인 소리 듣겠다

네 잎 클로버

클로버 군락에서 어린 소녀가 네 잎 클로버를 찾고 있다
잎이라도 다칠세라 머리 쓰다듬듯 조심조심
잎을 헤집는다
클로버가 소녀의 귀에다 속삭였다
사정 두지 말고 밑동까지 헤집어줘요
네 잎짜리는 이들 속 어디인가 마련해 뒀어요
우리는 너무 가냘파 무리져서 한 몸처럼 서야 해요
무리 짓는 바람에 허리 아래로 바람과 햇빛이
들어오지 못해요
도와 줄 손길이 필요해요
그 손길에 감사드리려 네 잎짜리를 준비했지요
우리는 행운을 드릴 능력은 없어요
고마움 표시하려는 정성일 뿐이에요

설마

공원 안을 바쁜 일 없다는 듯 천천히 뱅뱅 도는 한
칸짜리 관광 기차 속
젊은 아기 엄마들과 애들만 북적거리는 통로에
자리 잡지 못한 초로의 부부가 서 있다.
여자는 남자 품에 기대어 서고
남자는 양손으로 여자 머리에 울타리를 치고 있다.
차가 왜 이리 빠르죠? 애들 넘어질라
옛날 우리 둘이 새벽 열차에 몸을 맡겼을 때는
굼벵이가 기어가는 것 같았는데
남자의 입가에 야릇한 미소가 번진다.

벽

큰 부자들만 모여 산다는 서울 어느 동네 장애인 특수학교 설립 설명회장

책임자가 먼저 입을 열었다 수 차례 드려 온 말씀이지만 우리 함께 갑시다 저들에게 사람의 길 열어줍시다 주민들 따뜻한 배려 앙망합니다

인사말이 끝나기도 전에 허리 자르며 반대 주민 수십 명이 일제히 거품 물었다 몰려오는 적을 향해 집중사격하듯 기세등등하다

여기가 어디라고 병신들 절뚝거리며 돌아다닐 학교 지어 금덩이 줘도 안 파는 땅 똥값 될 게 뻔한데 누가 책임질 거야 집집마다 삼대독자보다 애지중지하는 반려견 놀라면 애들에게 뭐라 하나 매일 거리가 절뚝거리는 놈 고래고래 이유 없이 소리 지르는 놈 사람만 보면 희죽희죽 기분 나쁘게 웃는 놈 금방이라도 맹수처럼 달려들 듯 험상궂은 놈 이런 놈 저런 놈 어찌 아침저녁 마주친단 말이야 넓고 넓은 서울에서 하필 무릉도원 줘도 안 바꿀 이곳에 짓는 이유가 뭐야 먼지로 뒤덮인 서울에서 단 한 곳 내세울 만한 이 동네 굳이 망가뜨리려는 심보가

뭐야 혹시 우리들 잘 먹고 잘사는 게 눈꼴사나워 그러는 거야

사뭇 설명회장을 물불로 쓸어버릴 기세다 영혼 없는 공복들 삼베 바지에 바람 빠지듯 슬금슬금 꽁무니 빼고 억장 무너지는 장애인 부모들만 넋 나간 채 멍하니 서 있다 누가 뭐랄 새 없이 일제히 무릎 꿇었다

제발 학교 짓게 허락해주세요 두 손 모아 간절히 빕니다 절뚝 바리라 손가락질해도 좋고 병신 육갑한다 비웃어도 개의치 않고 침 뱉어도 상관없고 꾸정물 끼얹어도 돌멩이 던져도 원망하지 않겠으니 부모 잘못 만나 형상만 사람일 뿐 제힘으로 사람의 길에 들어설 수 없는 자식들입니다 어떤 몸짓도 좋으니 애들 사람의 길에 들어서게 해 주세요

무릎이 짓무르고 폭우 쏟아져 새앙쥐 됐지만 아무도 일어설 줄 모른다

반대 주민들 눈썹 한 올 까딱하지 않는다 쇼하고 있네 어쨌든 학교는 안돼 삽자루를 꽂기만 해라 너희들 의자 다 빼 버릴 테다 어름장 같은 비수 꽁무니 빼는 공복들 향해 날린다

거리에 보이지 않는 벽이 솟아올랐다

백일홍

산도 들도 긴 무더위에 혓바닥 늘어진 여름 끝자락 눈길 닿지 않은 곳에 있는 듯 없는 듯 서 있는 백일홍 힘겹게 꽃망울 열었다 홀로 피어 으스댈 만도 하건만 차림새 수수한 촌 아낙네 모습이다 며느리와 함께 임신하여 쑥스러운 시어머니 얼굴이다

지나가는 벌 나비도 눈길 한 번 주지 않건만 눈 밝은 사람들 지친 몸으로 가을이 오는 길목 열었다 꽃술을 눈에 담는다

밥상 일기

그전까지 네 식구가 밥상을 둘러쌌다
30년 전부터 셋으로 줄었고
20년 전부터 둘만 남았다
빛 좋은 식탁 꾸며보지만 언제나 맛은 빈 의자들
속으로 스며 소찬이었다
10년부터는 의자 하나 더 비고 나 홀로 남았다
수저를 들지 못하는 의자들
이제 가슴 속으로 옮겨야겠다

흰 배

흰 배가 강 가운데 쓸쓸히 서 있다.

피안의 문턱에 이르러

한 생이 풀잎 위의 이슬로 요약될 때

이슬처럼 또르르 구르지 못하고

손가락 하나 까딱할 힘도 없는데

저 강을 건너려 스스로 노를 저어야 한다면

가시 십자가 진 것과 무엇이 다르리

몸짓 없이 건널 수 있는 건

전지전능의 마지막 배려이리

처음 가는 길에서 품위를 잃지 말라는

묘한 말씀

스님, 이 부적 글자가 글인지 그림인지 아리송할 정도로 어렵습니다
귀신은 알아볼까요
귀신이라고 부적 글자 다 알아 보겠습니까
귀신은 부르면 오고 보이면 가지요
그러면 무슨 효험이 있겠습니까
귀신도 눈치로 때려잡는 것이지요
붉은색만 보이면 무서운 척 모습을 감춰주지요
효험은 있다 믿으면 스스로 찾아오지요
이 세상에 이치로 설명 못하는 것 어디 한둘인가요

토마토

화려한 과일가게 으뜸 자리를 목표로
얼굴 화끈거리는 여름 더위 위에서
몸을 담금질하여 오늘을 만들었다
가게 주인이 양손 벌리고 달려오는 모습을
상상만 해도 가슴 벅차다
가게 주인은 어처구니없게 뒤도 돌아보지 않고
허우대는 멀쩡하지만 1년생 풀에서 자란 놈이 무슨 과일이냐
고작 밭이랑에서 거름이나 나르던 놈이 과일 행세냐
크고 높은 가지에 앉아 새들과 이슬 먹으며 놀던
감, 사과와 같이 놀려고!
손님들 생각 내가 무슨 수로 돌리느냐

채소가게 주인도 시큰둥하다
몸에 소금 고춧가루 묻혀 보지 못한 놈이 무슨 채소냐
고급 과일이라도 되는 양 뽐내던 놈이 어딜 기웃거리느냐
과일 채소 모아놓고 떨이하는 리어카 진열대나 찾아보거라

겨울처럼 차가운 여름이다

길

백수마냥 하릴없는 한 무리의 흰 구름 떼
가없는 하늘에서 구석구석 제집처럼 누볐건만
하루 이틀이지 날이 갈수록 지겹고 따분했다
바람결에 지상에서는 비를 하늘 같이 모신다 들었다
하강한 선녀를 꿈꾸며 지상에 내려섰다
하필 농부들이 학수고대하는 논밭도 아니요
들꽃이 한들거리는 초원도 아닌 넓디넓은 바위 위다
기계로 깎은 듯 동서남북으로 평평한 바위
한 점 바람마저 없으니
어데로 가야 할지 발만 동동 구르는데
따가운 햇살이 다가오더니 등에 태워 하늘로
말아 올린다
형체도 알아볼 수 없게 잘게 잘게 부숴 버린다

흐르는 물

처음 아득한 그땐
함박눈 맞으며 걷는 어깨 넓고 따뜻해
너 없으면 못 산다 했지

꿈 속 같은 시간이 흘러
눈 녹은 질척한 길에서 비틀거리는 모습에
너 때문에 못 산다 하다가

언제부터인가
진 길 마른 길 가릴 것 없이 휘청거린다며
너는 있어도 못 살고 없어도 못 산다 혀를 차네

여백

세한도를 볼 기회가 있었네
언뜻 문외한의 눈엔 너무 여백이 넓어 보였네
구멍이 날 정도로 그림을 보고 또 보았네
그림이 무안하여 귓속말로 속삭였네
화가가 나를 그리다 여백이 남은 것이 아니라
여백을 빌려다 나를 그린 것이네
필요한 만큼만 가져다 쓴 것이네
여백을 더 썼으면 내가 두고두고 사람들 입에
오르내릴 수 있을는지 모를 일이네

제4부

어떤 꽃

지난 수능 시험일에 한 수험생이 금지품인
스마트폰을 집에 두고 집을 나섰다
한시라도 떨어질 수 없지만 하루를 못 참으랴
문제는 생각보다 슬슬 잘 풀려 가슴이 벅찼다
원하던 대학이 어느새 머리에 떠올랐다
종이 울리고 콧노래 부르는데
가방 속에서 스마트폰 울리는 소리가 시험장을 찢었다
감독관은 사정을 알고 곤혹스러웠지만 부정 처리할 수밖에
집안의 기둥이라 자신의 목숨보다 아끼는 딸이 폰 없이
하루를 보내는 건 어머니에겐 끔찍했다
시험 끝나고 집에 올 동안이라도 쓰거라
경황 중에 챙기지 못했으리라 잘못 알고 가방에 넣은 것이다
사랑의 화살은 부메랑처럼 모녀의 가슴에 못으로 박혔지만
딸은 어머니와 한 몸이었다
발밑이 꺼지는 현기증을 누르며 어머니를 껴안고

— 상심 마세요 별일 아닙니다 내년이면 그 못을 녹여 버리겠어요

주위 수험생들에게도

— 소란스럽게 해서 죄송합니다 어머니를 미련하다 나무라지 마세요 그건 못이 아니라 어머니가 제 가슴에 달아준 꽃이예요

바둑 론
— 이창호

잡기라 여기던 바둑
수천 년 이어오며 기사들 절차탁마 끝에
벌레가 나비로 탈바꿈하듯
오락, 예술, 문화, 스포츠를 가슴에 품은
현대 바둑으로 화려하게 비상했다
그 길을 선도한 기라성같은 명인들
도책, 수책오청원, 판전, 등택
임해봉, 조치훈, 소림광일, 섭위평, 조훈현
이름만으로 바둑인들을 설레게 하는 빛나는 별들이다

그 끝자락에 태산북두로 우뚝 선 이창호
아직 젖비린내 나는 11세에 슬그머니 기계에 얼굴 내
밀더니
15세 최연소로 시작하여 눈 깜짝할 새
국내 국제 타이틀을 대부분 석권했다
10여 년 부동의 제1인자로 군림했다

기량과 수법은 정치하고 우뚝하여 모든 분야를 한 단

계 높였으며

운수라 치부하던 끝내기 분야를 소수점 이하까지 계량했고

황무지처럼 버려졌던 중앙을 옥토로 일궈 지평을 넓혔다

미진했던 분야도 일소했다

실력은 출중한 강자를 넘어 깊이와 격조를 한 차원 높인 불세출의 기사로 살아있는 전설이 되었다

반면 운영은 정도를 지향하여 형세의 유불리에 따라 발걸음 흩트리지 않아 전범이 되었고 대국 태도는 바위처럼 진중하여 매너의 교범이 됐으며 인격은 겸손 고매하여 사소한 구설수에도 오른 적 없는 자칫 호흡이 거칠어지는 승부 세계에서 볼 수 없는 일이라 칭송이 그치지 않는다

이처럼 고도의 기량과 인격을 갖춘 불세출의 기사는 전무후무한 일이라 바둑인들은 열광했고 바둑은 그에 힘입어 발전을 거듭했다

찬사와 칭송이 자자하는 건 자연스러운 세상의 흐름

강태공(무심과 기다림의 극치)

반전 무인

돌부처

부도옹
부동심
신산
바둑 황제
바둑의 신
하나도 얻기 어려운 별칭을 훈장처럼 주렁주렁 가슴에 달아줬다

그렇지만
그의 진정한 모습은
구도자
전인미답의 길을
힘들어도
고독해도
길이 험해도
뚜벅뚜벅 걸어가는
진리를 찾아 광야를 헤매던
옛날 구도승처럼
뚜벅뚜벅 걸어가는 구도자
싸움이 본령이랄 바둑에서
구도자의 모습을 보는 건 전율이다
슬픈 아름다움이다

일인자의 외로움이다
동시대에 태어난 행운이다

미풍

옛날 사진첩 들춰보던 아내 뜬금없이
입을 열었다
저세상에 갈 때 딱 하나만 갖고 갈 수 있다면
뭘 갖고 가실래요
당신 사진이나 한 장 품고 가지 딴 게 있나
당신은
뻔한 걸 물어볼 게 있나요
아내의 눈가에 눈물이 그렁그렁
내 입가엔 야릇한 미소가 번지네

한 뿌리

구름과 물은 허황한 놈이라 상대방을 백안시하는 사이
구름은 물이 진 데 마른 데 가리지 않고 낮은 데만
찾는다 눈살 찌푸리고
물은 구름이 하릴없이 이곳저곳
쏘다닌다고 혀끝을 찬다
둘은 우연히 절벽 위에서 마주쳤다
구름이 물었다 어딜 가나 오라는 데가 있나
이 폭포수 선녀탕에 뛰어내리려는 참이었지
물도 입을 열었다 갈 데가 없을 텐데
이 절벽 위에 걸 무지개 만들려고 올라가는 길이지
지나던 매운 바람이 둘의 뒷덜미를 잡아 앉혔다
순식간에 둘은 얼음으로 변했다
서로 제 얼굴을 보는 듯했다

꽃샘추위

봄빛이 산자락에 어른거리자
땅속에서 죽은 세월 보낸 봄꽃들
들떠 바깥세상으로 뛰어나가려 야단법석이다
이른 봄은 변덕스러우니 발밑 조심하라는 엄마의 걱정도
듣는 둥 마는 둥 더러 조급한 꽃들이
송이 받쳐줄 눈도 아직 나오지 않았고
흔해 빠진 루즈 한 점 바를 새 없이
미풍에도 꽃잎이 흩어질 아슬아슬한 차림으로
남쪽으로 발걸음 재촉한다
오가는 길목에서 북으로 허겁지겁 올라가는 막내 동장군과 스쳤다
꽃은 동장군의 서슬에 찔려 바닥에 내동그라졌다
동장군은 스친 기억도 없는데 꽃은 시샘한다 가슴을 친다
부푼 꿈이 봄 꿈처럼 길바닥에 스러졌다
뒤이어 나온 잎이 조용히 꽃진 자리를 메웠다

물결

앞 물결은 뒷물결 끌어오는가
뒷물결은 앞 물결 밀어내는가

정치는 세상이 열리자마자 내일을 팔아 세상을 눌러왔다

어둠의 시대가 걷히자 내일은 누구에게나 뻔한 그림 시대가 흐를수록 내세울 것 없어 낮은 심부름꾼으로 떨어져버렸다

종교도 뒤질세라 내세를 팔아 세상을 움켜쥐었다 내세에 갔다 온 듯 아는 자들 세상에 가득하면서 내세가 앞 사람들이 만든 현세의 연장이라 눈치챘다

경전은 고리타분한 하급반 도덕 교과서로 떨어졌고 성직자는 있어도 좋고 없어도 그만인 맹장 신세다

바보상자도 슬그머니 끼어들어 오늘 팔아 세상을 깔

고 앉는다 누구나 갖고 있는 불안 고독 불행을 부풀대로 부풀리고 당근으로 광대들 아랫도리 추문 까발려 인간을 사로잡는다

우여곡절 끝에 인간은 인터넷을 부려 자신을 팔기 시작했다 드디어 해방이다 자유다 환호성이 절로 터져 나왔다

그러나 삼천 년에 한 번 핀다는 우담화처럼 순간의 꽃이었다
블랙홀에 빨려들 듯 순식간에 인터넷 뱃속에 빨려 들어가 버렸다
인간은 저 뱃속에서 헤어 나올 수 있을는지

내일은 어떤 물결이 내게 다가와 무등을 내보일까

어떤 정경

할아버지와 손녀가 네 잎 클로버를 찾고 있다

손녀가 네 잎 클로버를 찾아 꺾으려는 순간

할아버지가 꺾지 않으면 안 되겠니

우리는 이미 보았으니 행운이 찾아올 거야

누군가의 행운을 위해 놔두자꾸나

손녀는 고개 갸우뚱하며 손을 놓았다

회한

우리 동네 낫 놓고 기역 자도 모르고 똥구멍이 찢어지게 가난한 칠득의 아버지가 임종 시 자식들에게 남긴 마지막 말

평생 내가 한 말은 말이 되어 본 적 없다
말은 입으로 하는 게 아니고 배로 하는 것이더라

노인정에서

우리 동네 노인정 개근생 한 씨와 두 씨
만나자마자 먼저 한 씨가 입을 열었다
드디어 손주에게
티브이 채널권 뺏기고
손주의 강아지에게 밥 먹는 순서까지
빼앗겼다 머리 긁적이며 투덜댄다
두 씨도 덩달아
나도 손주에게
티브이 채널권 넘겨주고
손녀의 스피츠에게 밥 먹는 순서까지
양보했다 맞장구친다
한 씨는 귀에 손주가 걸려 있고
두 씨는 이마빡에 손주가 앉아 있다

모르는 일

하늘에는 무수한 별들 빛나고

땅위에는 수많은 꽃들 아름다움을 뽐낸다

하늘은 눈 밝아 다른 것은 몰라도 꽃은 보이겠지

하늘에도 반짝반짝 별처럼 두 눈이 빛나는 처자에게
"저 꽃 따다 가슴에 안겨 주겠다" 허풍떠는 사내들과 속
셈 모르고 가슴 설레는 맹한 처자들로 발 디딜 틈 없겠지

땅 위에서 흔한 일이니 하늘에서도 다반사겠지

세설 2

— 팔베개

손이 미치지 못하는 내 등
내 손으로 시원하게 긁을 수 있었으면
가을 하늘에 둥둥 떠다니는 뭉게구름 불러
구름 가는 대로 한 사나흘만 떠돌아다녀 봤으면
서재에 모아놓은 시집들, 북북 찢을 수 있는 날이 올까
손으로 뜰 때 사라지는 바닷물 파란색
숨는 곳이 궁금하다
내 몸과 영혼 위해 끝없이 쏟아지는 아내의 사랑 말씀
전기 스위치 내리듯 탁 꺼봤으면
책장 걷는 일에 미쳐 세월 잊어버린 딸년에게, 모란꽃
무늬 박힌 미니스커트 입혀 봤으면
마지막 남은 술안주 한 점 심상하게 집어먹을 수 있었
으면
사람들 몰래 담배 뻐끔거리는 손녀에게, 시원한
나무 그늘 밑에서 아이스크림 물리듯 불붙여 줄 날이

추석 보름달을 보며

추석 보름달은 언제나 밝은 미소로 사람들 가슴에
따뜻한 정을 나눠 주지요
올 추석 보름달은 예전보다 더 크고 밝다고 해요
말 그대로 달덩이처럼 환하다구요
달님에게 기쁜 일이 생겼나 봐요
어린애도 아닌데 정말 달님이 컸을까요
달님에게 직접 물어보기로 해요
달님께서는 우리가 모르는 좋은 일이 생겼나요
지상에서는 전보다 달님의 신수가 훤하다 부러워합니다
올해는 땅 위에 풍년이 들었나 보지요
집마다 추석 상을 푸짐하게 차려 권하는데 거절할 수 있나요
제주가 좀 과했는데 멀리서는 환하게 보였나 봐요
훤한 모습은 보기 좋습니다만 얼굴에 있는 그늘도 전보다 커 보여요
혹시 걱정거리라도 생겼나요 아니면 계수나무가
자라서 그늘을 넓혔나요
실은 은근히 걱정거리가 생겼지요

전에는 더도 말고 덜도 말고 한가위만 같으라고 설레는
마음으로 추석을 맞았다는데
요즘은 추석상 차리기 힘들다 아우성이라면서요
젊은 주부들 가짜 깁스한 모습이 여기서도 훤히 보여요
배가 불수록 만사가 귀찮아지는 건 몸이 먼저 말하지요
싫어 마음에서 떠난 대상이 오래 남아 있을 수 있을까요
머지않아 추석이 자취를 감추는 게 아닌지

끔찍하다

돌멩이가 모두 황금이면
끔찍하다

날마다 화창한 봄날이면
발밑이 끔찍하다

여자가 모두 현모양처면
너무 끔찍하다

선남선녀뿐일 천당 극락은
정말 끔찍하다

거리를 가득 메운 천 쌍둥이 만 쌍둥이
끔찍하다

일기장에서

1.

몇 달 만에 시원하게 통변했다
일기장이 좋아서 웃었다
오랜만에 아내와 석양을 등에 지고 인근 공원을 산책했다

2.

오늘은 마지막 기회인 공무원 채용 시험 보는 날 그동안 썼던 수많은 이력서, 열 번도 넘은 취직 시험은 즐거운 추억거리로 남을까, 지긋지긋으로 남을까
뒤가 없으니 차라리 후련하다
문간에서 소리 없이 손 흔드는 아내의 눈시울 애써 모른 채 하고 의연하게 집 나섰다

3.

오늘도 어제처럼 삶은 고구마구나
이 겨울 날 때까지 매일 계속되겠지
엄마가 조용히 입을 떼었다
— 이것이나마 우리 밭에서 난 것이면 무슨 걱정이겠느냐

자만

다 내 잘못이다

다 내 탓이다

나를 원망해라

남의 잘못을 서슴없이 내 것이라

말하는 네 용기가 부럽구나

사라진 발걸음 소리

옆집 파수꾼 검둥이
내가 귀가할 때마다 사정없이 짖어댄다
제 주인이 민망해하는데도 아랑곳하지 않는다

언제부터인가 짖지 않고 데면데면하다
저놈이 언제부터 맘이 변했나
제 귀에 내 발걸음 소리가 들리지 않는가 보다
발걸음 소리가 너무 가벼워진 탓이리
그래도 가끔 짖는 걸 보면
아직 그림자는 보이는가 보다

아수라에 핀 꽃

동생을 구해주세요
뭐든지 할게요, 하인이라도 할게요

2023. 2. 7. 튀르키예, 시리아 북부
강도 7.8을 기록한 사상 초유의 지진 현장
사망자가 5만 명을 넘는 아비규환 속에서
무너진 건물 틈에 동생과 함께 갇힌 한 일곱 살짜리 소녀가
36시간을 버티며 동생을 구조해 달라 외쳤다
평소 애들이 쓰지 않는 말이 자신도 모르게 튀어나왔다
힘 빠진 목소리는 구조대에게 들리지 못했지만
소녀는 다가올 천사의 양쪽 가슴에 안겨드릴 꽃송이를
떠올리며 쏟아지는 수마를 견뎠다
구조대원의 눈에 비친 것은 어린 동생을 꼬옥
감싸고 있는 한 송이 하얀 꽃이었다

휘장 속 여인의 모습을 그리다

변종태(시인)

들어가는 말

"시론이란 시의 주변을 얼쩡거리는 부랑자와 같은 것이다.(이수명)" 흔히들 시를 쓴다고 하면 시에 관한 이론을 꿰고 있을 것으로 생각하는 경우가 있다. 아니면 시론도 모르면서 시를 쓰느냐고 타박하는 사람들을 보기도 한다. 그렇다면 문학을 전공하고 시론을 공부하지 않은 사람은 시를 쓰지 말라는 말인가.

아니 나는 이 말에 절대로 동의할 수 없다. 물론 시론을 공부하고 시를 비평하는 눈을 가지는 것은 중요하다. 하지만 쓸 때 시론을 의식해 시를 쓴다면 그것은 공장에서 기계로 찍어내는 공산품과 다를 것이 없는, 시론을 쓴 사람의 아류일 뿐이다.

시론이라는 것이 (우리나라 시론이라고 나와 있는 책들의 상당수가 외국의 문학 이론들을 짜깁기한 것들이지만) 말 그대로 '논(論)'일진대, 그 책을 쓴 이의 주장이다. 시의 정의만 하더라도 십인십색(十人十色)이다. 그

야말로 장님 코끼리 만지기다. 각자의 범주에서 추상적 개념인 시의 일면만을 얘기할 뿐, 시가 어떤 것인지 적확(的確)하게 표현한 정의는 보지 못하였다. 아니 그런 정의는 불가능할 것이다.

뿐만 아니라 문학을 전공한 처지에서 생각하면 때로는 시론을 아는 것이 시를 쓰는 데 장애가 되는 경우도 적지 않음을 경험하기도 한다. 머리로 계산하고 공식을 대입하고 재단을 통해 시를 쓰고 나면 자신도 공감하지 못할 뿐만 아니라 시 자체가 재미없는 시가 되는 경우가 많다. 자신이 쓴 시에 감동하지 못하면서 독자를 감동하게 한다는 것은 어불성설이기 때문이다. 물론 반대로 시 같지 않은 시를 써놓고 스스로 감탄하는 자아도취를 주장하고 싶은 것도 아니긴 하다.

이런 상황에서 흔히 인용되는 시가 있다.

시를 공부하겠다는
미친 제자와 앉아
커피를 마신다
제일 값싼
프란츠 카프카
— 오규원, 「프란츠 카프카」에서

정신마저 물화(物化)되어 가격이 매겨지는 산업화 시

대를 비판, 풍자한 시인데, 시를 쓰기 위해, 시를 공부한다는 것이 얼마나 황당한 일인지를 풍자하고 있다. 물질만능이니 뭐니 하는 말을 들먹이지 않더라도 시를 쓰는 일이 '미친' 짓인지, 시를 쓰기 위해 '공부'를 하는 것이 '미친' 짓인지를 따지는 일도 쉽지는 않다.

하지만 여전히 시를 쓰는 '미친' 사람들이 존재하고, 그들이 있기에 이 세상은 아직 살 만한 것이 아닐까 하는 생각을 한다. 현실을 살아가면서 돈이 되는 일에만 몰두한다면 그것은 그야말로 정신의 황폐로 이어진다는 다분히 교과서적인 말을 하고자 하는 것은 아니다. 그렇다고 정신이 물질보다 고귀하다거나 소중하다고 말하고 싶은 것도 아니다.

살아가면서 터득한 것들

박동일 시인의 시를 읽는 동안 생활과 시의 관계를 생각한다. 일상이 시로 들어올 때의 느낌을 생각한다. 일상과 단절된 시가 독자들의 공감을 끌어낼 수 없다는 것은 모든 예술에 공통으로 적용되는 이야기일 것이다. 표현 형식이 아무리 그로테스크하다 할지라도 그것의 출발점은 현실이요 일상이다. 거기에 얼마큼의 상상력이 가해지느냐에 따라 어느 정도 가공되느냐에 따라 다른 모습으로 사람들에게 전달된다.

거꾸로 시가 어렵다고 말하는 사람들은 상상력의 빈곤으로 시인의 상상력을 좇아가지 못하는 탓일 수도 있다. 시의 문법이 일상의 문법과 다른 까닭에, 시를 제대로 읽고 감상하기 위해서는 시의 문법을 바탕으로, 시인의 상상력과 보조를 맞춰야 한다.

이러한 관점에서 박동일의 시들은 독자들이 함께 걷기 적당한 보폭을 제공한다. 따라서 이 시집을 산책하는 동안 시인과 어깨를 나란히 한 채 편안한 걸음으로 걸을 수 있을 것이다. 다만 시집의 페이지를 넘길 때마다 고개를 돌려 시인과 눈 마주치기를 잊지 말기를 권한다. 그래야 시인의 상상력을 놓치지 않을 수 있기 때문이다.

어둠에 부딪혀 꽃잎이 일그러진들 무슨 대수랴

가려진 베일 걷어내고 본래

밤의 고요에 들어가 대지의 숨결 듣고자

밤에만 피우는 것은 향기와 꿀만 탐하는 벌 나비

멀리하기 위한 몸짓

내가 밤에 꽃을 피우는 것은 마음의 창을 여는 일
—「밤에 피는 꽃」 전문

밤이 밤인 까닭은 어둠이 있기 때문이다. 너무나 당연한 이야기다. '밤'은 흔히 인고(忍苦)의 시간을 의미하곤 한다. 그것은 앞을 볼 수 없는 칠흑의 시간이다. 하지만 동시에 수면의 시간이고 충전의 시간이기도 하다. 하지만 '밤에 피는 꽃'은 벌 나비를 피하여 자신의 본질, 혹은 순수한 정체성을 드러내고자 함이다.

사람들은 허명(虛名)에 들떠 자신을 과시하곤 하는 경우가 많다. 주위 사람들의 칭찬을 들으면 스스로 대단한 사람이기라도 한 것처럼 자만에 빠지기도 한다. 이는 하수(下手)일수록 그 증상이 심하다. 주위의 환호와 찬사에 취해 자기 능력이나 존재를 과장하게 되는 경우가 있다. 하지만 시의 화자가 '밤에 꽃을 피우는 것은 마음의 창을 여는 일'이라는 진술을 통해 함부로 자만하지 않으리라는 자경(自警)의 다짐을 드러내고 있다.

이러한 의식은 다음의 시편에서도 찾아볼 수 있다.

빈손으로, 그렇게 어려웠냐고 그건 모르는 소리
빈손이라야 조금이라도 많은 정성 담을 수 있지요
빌수록 많이 담는 슬기 진작 깨쳤지요
세상 이치 달처럼 환했지요

—「빈손」에서

사는 일은 복잡하고 어렵기만 한데
너는 바람이 등 밀어줄 때 몸만 맡기면 되니
시원한 바람에 실려 생을 쉽게 이어가니
욕심 버릴수록 생각은 가벼워지는 법
—「민들레」에서

땅속에선
날개 다느라
17년이 하루였다

땅 위에선
매미채 피하느라
하루가 17년이었다
—「어떤 매미의 일생」 전문

네가 있어 5월이 더욱 푸르구나

오만한 푸르름 일색에 한방

얼룩을 먹였다고 쾌재를 불렀지만

붉은 몸짓이 푸른 들을 더욱 푸르게 하는구나

나도 모르게 몸과 맘이 따로 놀 때가 있다
—「장미」 전문

굳이 시인의 나이를 말하고자 함이 아니다. 나이는 숫자에 불과하다고 말하곤 한다. 나이가 많다고 어른이 아니고, 나이가 적다고 아이가 아니다. 나이가 들어서도 철 안 든 사람이 있는가 하면, 아직 젊은 나이인데도 잔뜩 철이 든 사람도 많다. 그래서 애늙은이라는 말도 있는 모양이지만, 삶은 지식으로 살아가는 게 아니라 지혜로 살아가기에 나이가 들수록 지혜를 늘려가야 하는가 보다.

"빌수록 많이 담는 슬기"(「빈손」)는 쉽사리 터득할 수 있는 게 아니다. "산은 산이요, 물은 물이니라"라는 성철 스님식의 진술이 아니어도 삶은 우리에게 많은 깨달음을 요구한다. 그래서 "욕심 버릴수록 생각은 가벼워지는 법"(「민들레」)이기도 한가 보다. "그렇게 울고불고/살아온 세월/칠십 평생이 하루"(「매미의 일생」)라는 생각은 더욱 독자의 마음을 숙연하게 한다.

하지만 삶은 때로 사람다운 갈등을 요구하기도 하는가 보다. 푸르름이 본색인 여름에 강렬한 빨강을 투사하는 "얼룩"은 "나도 모르게 몸과 맘이 따로 놀"(「장미」)게 하기도 한다. 이제는 철이 들었다고, 욕심을 내려놓았다고, 더 이상 헛된 욕심이나 욕망에 사로잡히지 않을 수 있다고 자신하다가도 더러는 젊은 시절의 욕망이 끓어

오르는 것도 인지상정인가 보다.

현실을 바라보는 또 다른 시선

시가 아무리 현실과는 다른 영역이라고 하지만, 시가 일상생활과 괴리된 채 존재할 수는 없다. 시인은 현실에서 일어나는 다양한 사건 사고들을 시로 표현하고 있다. 이는 시와 현실의 거리를 살필 수 있는 바탕이 될 수 있다.

우리나라에서는 시문학이 음풍농월(吟風弄月)이거나 비현실적인 말장난 정도로 인식하는 경우가 많다. 시인이라고 하면 비현실적인 생활을 하는 일군의 인간 군상을 의미하는 경우를 자주 보게 되기도 하고, 다른 사람들과는 별종으로 인식하기도 한다.

시와 현실의 관계를 극명하게 보여주는 사례가 있다. 미국에서는 대통령 취임식에 시인이 축시를 낭송하는 장면을 낯설지 않게 볼 수 있다. 미국의 제35대 존 F 케네디 대통령 취임식에는 시 「가지 않은 길」로 유명한 로버트 프로스트(Robert Lee Frost)가 축시를 읽었다고 한다. "권력이 부패하면 詩는 깨끗해진다"는 것이 미국인들의 시각이라고 한다. 재임 동안 시인이 사망하자, 시인을 추모하는 도서관 기공식에 참석한 케네디의 연설문은 시와 현실의 관계를 생각하게 한다.

> 그의 바탕에는 인간 정신에 대한 깊은 신뢰가 깔려 있었습니다. 로버트 프로스트가 시와 권력을 결합한 것은 우연이 아닙니다. 그는 권력을 권력으로부터 구원하는 수단이 시라고 보았기 때문입니다. 권력이 인간을 오만으로 몰고 갈 때, 시는 인간의 한계를 일깨워줍니다. 권력이 인간의 관심 영역을 좁힐 때, 시는 인간 존재의 풍요와 다양성을 일깨워줍니다. 권력이 부패할 때, 시는 정화해줍니다.
>
> — 프로스트를 추모하는 케네디의 연설문에서

정치나 권력하고는 거리가 있지만 현실을 기록하는 시인의 눈은 다르지 않다. 그러기에 박동일 시인은 현실에서 일어나는 일들을 시인의 눈으로 기록한다. 시인은 우리 사회가 안고 있는 다양한 사건들에 깊은 관심을 보인다. 청년 실업, 다문화 사회, 장애인 인권, 인구절벽, 지역이기주의 등에 이르기까지 보도되는 세상의 일들에 대해 깊은 관심을 가진다. 그뿐만 아니라, 인간 본성에 관한 간절한 회복을 기원하는 시선을 살필 수 있다.

> 취업 수험생이 면접장으로 달려가던 중 거동이 불

편한 노인과 마주쳤다. 노인은 길을 잃은 것인지 골목을 기웃거리고 있었다. 저도 모르게 취업 면접은 잊고 노인을 면접한다. 노인을 집으로 안내하고, 아뿔싸, 면접 시간을 놓치고 말았다. 사정을 들은 면접관의 배려로 면접하고 합격했다. 하루가 10년 같았다고 했다.

별 따려거든 스스로 별이 되거라
별은 하늘에 가득하지만, 별을 알아보는 사람은 흔하지 않다
기사 실린 신문지가 잠시 환했다
—「어느 취업 준비생」 전문

어쩌면 노인은 치매를 앓고 있었을지도 모른다. 그러기에 집을 찾기 위해 이 골목 저 골목을 기웃거리고 있었던 모양이다. 그래도 집을 잃고 헤매는 노인을 그대로 두고 제 갈 길을 갈 수 없었던 취업 준비생의 따뜻한 마음이 시의 전면에 잘름거린다. 다행히 면접에 지각한 수험생의 사연을 받아들인 면접 담당자들의 너그러운 마음 덕분에 면접을 치를 수 있었던, 10년 같은 하루 동안 어느 수험생에게 일어난 일을 기록하고 있다.

하지만 그것만 기록한다면 시로서의 의미를 드러내지 못했을 것이다. "별 따려거든 스스로 별이 되"려 한 수험생의 마음이, "별은 하늘에 가득하지만, 별을 알아보는

사람"이 되어준 면접관들의 마음이 날줄과 씨줄로 짜여서 아름답고도 포근한 시가 된 것이다. 백락일고(伯樂一顧)라는 고사가 있다. 좋은 말을 감별하는 능력을 가진 백락이 한번 눈길을 준 말은 그 가치가 껑충 뛴다는 것이다. 하지만 당나라의 문장가 한유(韓愈)는 〈잡설(雜說)〉이란 글에서 "세상에는 백락이 있고 그러고 나서 천리마가 있는 것이다[世有伯樂然後有千里馬]. 천리마는 항상 있지만 백락은 항상 있는 것이 아니다. 천 리를 달리는 명마라 해도 백락이 없으면 평생 조랑말 취급을 받으며 혹사당하거나 마구간에서 하찮은 말들처럼 그냥 죽어간다."라고 했다.

이러한 시선들은 「코로나19 사태를 보며」, 「어떤 합격기」, 「소방대원의 다짐」, 「탈북인 전영철」, 「벽」, 「밥상 일기」, 「어떤 꽃」, 「물결」, 「아수라에 핀 꽃」 등의 시편에서도 살펴볼 수 있다. 시가 인간 세상을 바꾸는 것은 쉬운 일이 아니지만, 시를 읽는 독자의 마음을 움직이는 것은 어려운 일이 아니다.

시인의 시선은 과거와는 무척 달라져 있는 요즈음 우리 사회의 가정의 모습을 주목한다. 권위주의적이고 가부장적인, 남성 중심의 가정은 몇 년 사이에 흔들리고, 가장들의 정체성이 혼란을 겪고 있다고 한다. 자신의 아버지로부터 아버지다움(?)을 직간접적으로 배우고 자신도 아버지가 되었을 때는 저렇게 하는 것이구나 했는데, 사회 통념이나 가치관이 순식간에 바뀌어 가장이라는 개념도 흐려졌을 뿐만 아니라, 남성 중심의 사회 자체가 변혁을 겪게 된 것이다.

뜨거운 햇볕으로 들어가는 모습

볼 수 없어 꽃은 열매의 손을 놓지 못한다

가녀린 손으로나마 뜨거움 막으려는 몸짓

낙화할 때를 잊었다

열매는 꽃을 가슴에 품고

꽃잎으로 하여 몸매가 일그러져도

부끄러워하지 않는다
—「무화과 옆에서」 전문

아무리 사회가 달라지고, 가정의 모습이 달라져도 배우자에 대한 사랑의 감정은 변함이 없는 것인가 보다. 전통사회의 가장답게 시인은 눈길을 주지 않는 듯하면서도 삶을 함께한 아내에게 깊은 애정을 표현하고 있다. 어쩌면 무화과로 비유된 아내의 모습은 신혼 시절의 모습과는 달리 많이 "일그러져" 있을지도 모른다. 아니 그게 당연한 변화일지라도 "부끄러워하지 않"고 든든하게 곁을 지켜주는 그에 대한 사랑의 마음을 넌지시 드러내고 있다.

나가는 글

시인은 시인으로 살아온 이력이 그리 오래지는 않다. 늦깎이로 등단의 절차를 거쳐 시인이 된 이후 세 번째 시집을 엮는 것이다. 하지만 시인으로서의 열정은 그리 만만하지 않다. 시집 전편을 흐르는 시인의 시선은 자못 진지하고 치열하다. 물론 오랫동안 시를 썼다고 좋은 시인이라거나, 갓 등단했다고 해서 변변찮은 시인이라는 등식은 성립하지 않는다. 중요한 것은 문학을, 시를 향한 열정을 얼마나 가슴에 간절하게 담고 있는지가 중요할 것이다.

시집 원고를 덮으면서 시인의 서문을 다시 읽는다.

> 시는 가까이 다가갈수록
> 휘장 속 여인 같아서
> 좀처럼 참모습을 보여주지 않아
> 그 주변만 맴돌지만

이 또한 시의 매력이 아니겠는가
시를 쓸수록
두려움과 부끄러움이 앞서는 것은
그 속에 들어있는 설렘 때문인지도 몰라
긴 여행길에 동반한 시는
내 남루한 생에 빈자의
일등이었다

아마도 시인이 시를 대하는 자세가 서문에 고스란히 담겨 있다. 시인의 삶에서 시 쓰기의 어려움을 솔직하게 고백하는 서문에 시인으로서의 박동일 시인의 모든 것을 담고 있다고 생각한다. 앞으로 시인의 길을 걷는 박동일 시인의 시적 변화와 시에 대한 간절한 애정을 기대하게 한다.